S4
Lb 573.

ORGANISATION

DE

LA COMMUNE

EN FRANCE,

PAR

ÉDOUARD GORGES.

* * *

PARIS.

CHEZ SARTORIUS, ÉDITEUR,

Quai Malaquais, 17,

1848

IMPRIMERIE DE D'AUBUSSON, PASSAGE DES PANORAMAS,
Galerie Montmartre, 16.

ORGANISATION

DE

LA COMMUNE EN FRANCE

━━◦◦◦◦◦◦━◦◦◦◦◦◦━━

I.

La vieille société croule : nous ne savons combien de temps encore restera debout cette ruine lézardée que nos ministres s'amusent naïvement à récrépir et à badigeonner.

Quelques jours, quelques années peut-être, si l'on y met beaucoup de prudence, beaucoup d'habileté, et la Révolution aura fait table-rase de tout ce qui reste. —

Tous souffrent, s'impatientent et menacent. Toutes les mesures prises, tous les moyens employés depuis le 24 février, ont été ambitieux, puérils, déplorables ou avortés.

Les idées vont vite, les hommes passent rapidement par le temps qui court; et ce qui, il y a vingt ans, eût été une mesure généreuse, un remède efficace, n'est plus à cette heure qu'un palliatif impuissant.

Les sociétés naissent, grandissent et disparaissent comme les individus. La base de notre système est mauvaise; de là, gêne, embarras, malaise dans le mécanisme social. Si vous voulez prévenir un désordre effrayant, accordez à chaque chose l'importance qu'elle mérite, et alors perdu dans l'ombre, sacrifié, dédaigné de tous, le travailleur passera au premier rang de la société.

II.

Propriétaires.

Aujourd'hui le peuple, la société, si vous l'aimez mieux, se divise en trois grandes catégories :

Les propriétaires,

Les parasites,

Les prolétaires.

Les propriétaires consomment sans produire ;

Les parasites consomment sans produire :

Les prolétaires produisent sans consommer.

L'oisiveté s'ennuie et s'engraisse ;

Le travail s'épuise et meurt.

Là est le mal.

Augmenter la production pour rendre, à tous, la vie facile et douce,   détruire la concurrence en groupant les intérêts semblables, — Voilà le problème à résoudre.

La solution sera prompte, facile et pacifique, si vous apportez de l'énergie, de l'intelligence et de l'activité.

Terrible et sanglante, si l'on croit guérir le mal avec des décrets surannés exhumés des cartons de journaux.

On compte en France quatre millions de chefs de famille propriétaires-agricoles ; on les répartit ainsi :

94,000 grands propriétaires possèdent ensemble 15 millions d'hectares, soit en moyenne chacun 158 hectares, représentant 2,346 francs de revenu.

345,000 propriétaires moyens possèdent 12 millions 200 mille hectares, soit chacun 35 hectares et demie, représentant 543 francs de revenu.

2,319,000 petits propriétaires possédant 18 millions d'hectares, soit chacun 7 hectares et demie, représentant 127 francs de revenu.

1,242,000 très-petits propriétaires possèdent 2 millions 500,000 hectares, soit chacun 2 hectares, représentant 34 francs de revenu.

4,000,000

Tous ces propriétaires se divisent en deux grandes catégories : On naît ou l'on devient propriétaire.

Jusqu'à trente ans, l'heureux mortel, que le sort ou ses parents ont investi de l'adorable privilège de vivre de ses revenus, et de laisser couler sa vie dans la béate somnolence de l'oisiveté, — apprend à monter à cheval, à faire des armes, à fumer des cigarres, et à passer ses nuits au lansquenet.

Pour le distraire de ces graves et sérieuses occupations, il est réduit à passer une bonne partie de son temps à la chasse, à boire et à écorner son futur patrimoine avec les demoiselles des théâtres et du quartier Breda.

Puis, quand son éducation est complète, les grands parents choisissent au jeune homme une demoiselle également propriétaire.

Viennent alors de petits surnuméraires propriétaires, qui permettent d'attendre avec une patience et une résignation convenable, que le Dieu de patience et de miséricorde ait rappelé à lui le propriétaire en titre.

Dans l'exercice de ses fonctions, le propriétaire serait trop heureux, si l'ambition ne venait troubler la sérénité de son existence. — Mais il veut être un personnage, jouer son rôle dans la grande comédie humaine. — Il sera représentant du peuple, maire, adjoint, conseiller municipal, ou officier de la garde nationale, etc.

Pendant ce temps-là, les enfants grandissent : — Il faut faire une dot aux filles, une éducation LIBÉRALE pour les garçons. — Nous les mettrons au collège, puis à Saint-Cyr, à l'école Polytechnique, à l'école de Droit ou de Médecine.

Les habiles traitent leurs représentants et obtiennent un bureau de tabac pour Mademoiselle, des places pour Messieurs. ....

Avant tout, il faut sauver les apparences et afficher un certain luxe extérieur : alors, le propriétaire s'impose des privations de toute sorte : il faut payer, toujours payer : — les impôts de toutes couleurs, les maîtres d'agrément, les sangsues universitaires, les dettes de Monsieur, les chiffons de Mademoiselle, etc.

Les revenus manquent, on n'ose pas vendre, on ferme les yeux, on se cramponne à l'espérance ; on emprunte pour se lancer dans des opérations industrielles, on joue sur les rentes. — Les rentes baissent, les compagnies suspendent leurs opérations ; les actions tombées en discrédit sont rachetées par les spéculateurs.

Heureux propriétaires, ils ne doivent à cette heure que treize milliards, — environ les deux tiers de leurs revenus.— Et comme, par l'impôt foncier et les droits de mutation, ils paient plus de la moitié des charges publiques, — on peut calculer dans combien de temps la propriété toute entière passera dans les coffres de l'Etat.

Le propriétaire, pressé par la nécessité, devient vis-à-vis de ses fermiers, d'une exigence redoutable. Privée de capitaux et des avances nécessaires, l'agriculture languit ; la production s'arrête, les terres restent incultes, et les paysans chassés par la misère, refluent dans les villes.

De sorte qu'en pesant sur la propriété, l'Etat diminue ses ressources, et la ruine de la propriété entraîne forcément la banqueroute de l'Etat.

La propriété! voilà le grand mobile de l'ambition, le grand ressort de l'activité humaine ! C'est le repos après la lutte, le sommeil après la fatigue, l'indépendance après l'esclavage, le commandement après l'obéissance.

La propriété, c'est le rêve de toutes les intelligences, le but de tous les travailleurs.

C'est pour arriver à la propriété de ses deux hectares, à un revenu de 34 fr., que le cultivateur se prive du nécessaire et se condamne à une vie de fatigue, de misère et de privations.

Par amour de la propriété, le notaire se voue à l'hypocrisie, —l'huissier et l'avoué à la rapine, — le marchand à la fraude;

— l'avocat se résigne à plaider pour ou contre , — le juge à dormir sur son siége.

Le propriétaire , c'est le dernier débris d'un monde qui meurt ; le dernier souvenir de la féodalité. — Plus volontaire qu'un roi constitutionnel , il ne relève que de lui-même ; il a le droit d'user et d'abuser, il a des sourires pour ses faiblesses et des bras pour ses besoins, pour ses caprices. — De son autorité privée il lève des impôts, fait des heureux ou des malheureux. Il est tout puissant ; il est roi du sol ! !

II.

Parasites.

Les Parasites sont les frelons de la ruche sociale, dont les prolétaires sont les abeilles.

Les parasites ne font qu'un travail stérile , ou, du moins, un travail dont l'utilité peut être discutée et l'importance excessivement réduite.

Les parasites, ce sont les quatre cent cinquante mille fonctionnaires de toutes les administrations , — depuis le premier de nos cinq Directeurs, jusqu'au plus modeste garde champêtre.

Les parasites, ce sont les agents de change, les avoués, caissiers-payeurs, commissaires-priseurs, agents comptables de douanes, de l'enregistrement, des contributions indirectes, greffiers, huissiers, avocats, notaires, percepteurs, receveurs généraux, particuliers et communaux, débitants de tabac, agents d'octroi ; enfin, les mille pieds de ce monstrueux polype qu'on appelle le Gouvernement.

Les parasites, ce sont vos quatre cent mille soldats de toute arme, de tout grade. — Le plus doré des généraux, comme le dernier des fantassins. — Membres inutiles, que vous condamnez à la fastidieuse et puérile occupation de fourbir des fusils et à marcher au pas , au lieu d'en faire des compagnies de travailleurs,— et pourtant vos chemins de fer sont-ils terminés ? vos landes défrichées ? vos montagnes reboisées? vos cours d'eau canalisés?

Les parasites, ce sont les marchands d'écus, le petit et le haut commerce, tous les entrepositaires et intermédiaires entre le fabricant, le producteur et le consommateur.

C'est dans les mains des parasites que passent les quatorze cent cinquante millions du budget.

Les représentants, — parasites ;

Ministère de la justice, — parasite ;

Culte, — parasite ;

Instruction, — parasite ;

Intérieur, administration centrale, fonds secrets, préfecture de police, — parasites ;

Affaires étrangères, — parasites.

Tout cela est nourri et salarié par l'Etat, — c'est à dire par les travailleurs.

Gardons-nous de croire que le chiffre des contributions soit indifférent, parce que l'Etat dépense d'une main ce qu'il reprend de l'autre. L'impôt est une sorte de don gratuit, ou sacrifice individuel qui forme le revenu de l'Etat. — Les dépenses du Gouvernement sont un échange contre le travail des fonctionnaires et des fournisseurs, et non une restitution aux producteurs.

Nous ne voulons pas prétendre que les parasites soient des membres complètement inutiles dans l'organisation sociale. — Nous croyons seulement — qu'on a de beaucoup exagéré leur importance, leur salaire, et par conséquent qu'ils sont d'une utilité moins grande que les agriculteurs et les travailleurs de toutes les industries.

Nous ne voulons pas effacer, mais transposer.

Nous voulons organiser, et non détruire.

Nous avons séparé les propriétaires des parasites, parce que la propriété représente le travail capitalisé.

III.

Prolétaires.

Les Grecs et les Romains, nos maîtres, se divisaient en deux grandes classes nettement tranchées et toujours ennemies. — Les nobles, que l'on appelait citoyens. — Les travailleurs, que l'on appelait esclaves.

Le développement de la société, les fortunes individuelles, provenaient de la conquête, du vol collectif, et les capitaux servaient au luxe plutôt qu'à la production : les travailleurs, ce n'était rien, moins que rien... C'étaient des esclaves...

Cela s'explique chez une population guerrière, où le travail est abandonné aux individus trop faibles ou trop lâches pour se battre : Mais nous, nation civilisée, nous subissons la honte et la peine de notre origine féroce et batailleuse: Chez nous aussi, honneurs et richesses aux oisifs. — Pauvreté, honte et mépris pour les travailleurs..!

Pauvreté n'est pas vice, nous dit-on... — Non. C'est bien pis, ma foi... C'est un crime !

Les malheureux qui labourent pour vous nourrir, manquent souvent des premiers besoins de la vie.

Ce sont des prolétaires qui descendent dans les entrailles de la terre pour en extraire la houille et le fer nécessaires à l'agriculture et à l'industrie.

Qui fabrique vos vêtements? Qui construit vos maisons, vos édifices, vos palais ?

— Le prolétaire.

Qui permet à votre industrie la concurrence avec l'étranger?

— Le prolétaire.

Qui va fouiller les coins les plus inconnus du globe pour flatter tous vos caprices, toutes vos fantaisies, pour vous apporter ces charmantes inutilités que la civilisation rend indispensables ?

Qui fabrique vos armes ?

Qui donc sait dresser des barricades, repousser l'oppression et vous donner une liberté que vous ne savez pas conserver ?

— Le prolétaire.

N'est-ce pas le prolétaire qui suit pas à pas la marche lente et progressive de la science que le génie a créée ?

Qui vous a mis au premier rang parmi les peuples ? Qui fait votre gloire ? votre splendeur ? votre orgueil ?

Ce sont les arts, ce sont les lettres.

— De pauvres prolétaires que la misère étreint de ses doigts crochus, et qui le plus souvent, se couchent à jeun, sans savoir s'ils dineront le lendemain.

Qui donc accomplit en ce moment la grande œuvre de la civilisation et de l'émancipation des peuples ?

— De pauvres diables, mal nourris, mal vêtus, mal logés, auxquels vous jetez à regret une misérable aumône...

Qu'est-ce qui produit, pense et agit pour vous ?

— Le prolétaire... Partout et toujours le prolétaire...

Aujourd'hui, qu'est-ce que le prolétaire ?

— Rien.

Que doit-il être ?

— Tout.

Organisez donc, je vous prie, une société sans prolétaires...

Maintenant, intervertissons la question, et voyons ce que serait une société sans propriétaires oisifs, — sans parasites à nourrir ?

La majorité, laborieuse et intelligente, est-elle condamnée à être éternellement exploitée par une minorité oisive ?

Est-ce juste ?

Prenez garde ! Ce qui est juste, a sa raison d'être ; ce qui est juste, est nécessaire ; ce qui est juste, sera...

— Quand ?

Nous ne savons combien de temps encore durera l'exploitation de l'homme par l'homme ; nous ne savons combien de sang généreux coûteront les révolutions à venir, avant l'organisation juste et rationnelle de la société. — Mais la liberté, l'égalité et la fraternité, qui ne sont aujourd'hui que des mots

vides, des non-sens, — seront la grande loi de l'avenir, —
nous en avons l'intime conviction.

IV.

En général on regarde l'Etat comme une grande famille dont
le Gouvernement symbolise la paternité.

C'est une grave erreur : — Dans la famille, c'est du père
que viennent tous les moyens de subsistance ; c'est sa tête qui
enfante les projets, ce sont ses bras qui travaillent ; il nourrit,
instruit et protège ses enfants. Tous ses soins, tous ses efforts,
toute sa sollicitude tendent à leur aplanir les difficultés de l'a-
venir.

Dans l'Etat, c'est tout le contraire : dans la vie sociale, l'impulsion ne vient point du gouvernement, mais des gouvernés.
— Pensée, action, intelligence, activité, capital, science, —
le peuple a tout ; le peuple possède tout. — Le gouvernement
est le rocher de Sysiphe, qu'il roule éternellement, et qui éternellement retombe sur lui pour l'écraser.

Le peuple, c'est le lion qui se laisse rogner les ongles et
jeter un lacet au cou. — S'il regimbe, on l'étrangle ; c'est,
si mieux vous aimez, un troupeau de moutons que des
pasteurs benins veulent bien tondre et envoyer à la bou-
cherie.

Quand donc saura-t-il qu'il est tout, que le reste n'est rien !

Tant que le peuple enverra ses mandataires à Paris pour
discuter des intérêts qui s'effacent par l'éloignement ; — tant
que la commune ne voudra pas gérer les affaires de la commune, — le peuple sera toujours exploité, pillé, trompé et
trahi.

Que la centralisation administrative soit une nécessité sous
un gouvernement despotique, monarchique ou dictatorial,
cela se conçoit.

Le peuple libre et riche, regimbe et devient difficile à gouverner. — Il faut le morigéner, le pressurer, pour lui faire suer des impôts.

Mais sous un gouvernement démocratique, qui n'est comme le régime constitutionnel, qu'une époque de transition et d'organisation ; — continuer à centraliser le pouvoir administratif, est un non-sens, une anomalie, une monstruosité politique.

C'est-à-dire qu'il faut tout détruire ? Nullement : pour les nations, comme pour les individus, il faut un développement calme, régulier, progressif... Il faut donner aux idées le temps de s'infiltrer dans les classes les moins éclairées.

Nous voulons bien conserver le système administratif, organisé par Napoléon ; seulement, à cette machine trop lente, nous voulons donner l'impulsion, le mouvement, la vie...

Paris est la tête de la France : — Que la France ne meure pas d'apoplexie !

Nous ne voulons pas nous décapiter ; mais nous ne voulons pas non plus qu'un gouvernement quel qu'il soit, fût-ce celui du NATIONAL, fasse du bon plaisir, batte monnaie, trompette ses décrets et distribue aveuglément des places, des privilèges, des cordons et des épaulettes.

Nous ne voulons pas que le faubourg Saint-Marceau, travaillé par des ambitieux, lance tous les mois la France dans des révolutions.

Nous ne voulons pas qu'un prétendant, s'appelât-il d'Orléans, Henri V ou Napoléon, — joue à l'émeute, et fasse la guerre civile avec quelques millions adroitement distribués.

La révolution de février nous a ruiné tous, excepté les parasites. — Si, à force de patience, de lutte et de courage, nous réussissons à avoir six mois d'existence assurée par notre travail, nous ne voulons pas être continuellement exposés à ces douloureuses privations.

Laissons les révolutions aux coureurs de couronnes, de places et d'aventures, — et songeons aux travailleurs,

Il n'est plus permis qu'aux niais et aux ambitieux de tenter de nouvelles révolutions. Depuis 1793, la France a subi toutes les combinaisons politiques : Convention, — Directoire, — Consulat, — Consulat à vie, — Empire, — Bascule consti-

tutionnelle, — République tricolore,—République rouge...,
toutes les formes gouvernementales ont été essayées, et les
hommes intelligents ont pu se convaincre que la paix, la
tranquillité et la prospérité de la France, ne dépendent pas
des hommes qui s'emparent du pouvoir. — Ces hommes,
eussent-ils nom : Robespierre, — Barras, — Bonaparte, —
Napoléon, — Louis XVIII, —Charles X,— Louis-Philippe,
— ou Lamartine.

Les noms seuls ont été échangés ; les abus sont restés vi-
vants, enracinés. Il y a toujours — oppression de la majorité
laborieuse, par une minorité parasite.

Ce qu'il faut aujourd'hui, ce que tout le monde s'accorde
à regarder comme une nécessité, — c'est une révolution sociale.

Mais cette révolution repousse comme auxiliaires, la force
et la violence. Son avenir est dans la conviction ; elle s'établira
d'une manière calme, lente et progressive. Elle embrassera
les intérêts du MAÎTRE et les intérêts de l'OUVRIER, — ceux
du RICHE et ceux du PAUVRE — ceux du PARASITE, et ceux
du TRAVAILLEUR.

Sa mission est de concilier tous les intérêts et de les fondre
ensemble, de dissiper les alarmes des uns, et tempérer la fou-
gue des autres.

La révolution sociale consiste aujourd'hui à convertir la
masse de la population, et surtout les gens qui ont une position
acquise et qui craignent de la voir troubler, les classes amies
de l'ordre et de la paix, les fonctionnaires, les propriétaires et
les rentiers, la propriété et la bourgeoisie à un régime nou-
veau, —où elles trouvent satisfaction, à leur amour de l'ordre,
à leur humeur paisible, à leurs goûts de bien-être, — où les
ouvriers trouvent un travail lucratif, assuré ; — le producteur, un débouché certain, et le capitaliste, un placement
avantageux.

Aujourd'hui, il est évident pour tout le monde que la révolution de février n'est jusqu'ici, pour les hommes qui sont au
pouvoir, qu'un fait dont ils ne soupçonnaient pas la gravité,
— et un embarras dont ils ne prévoient pas la fin.

Nous bénissons la République, non pour le mot, mais pour la chose, non pas parce que M. Lamartine remplace M. Guizot aux affaires, mais parce qu'elle permet de passer de l'état présent à une organisation nouvelle, formée sur la décentralisation administrative, et l'organisation industrielle de la commune ; sans bouleversement de la machine gouvernementale et en garantissant tous les intérêts contre une dépossession brutale.

Aujourd'hui Paris est tout. — Les départements ne sont rien.

M. de Lamartine a inventé la politique de rayonnement, depuis sa majesté Napoléon, empereur et roi, nous subissons le rayonnement administratif.

A Paris, il y a pléthore, flegmasie intense ; les départements sont frappés de paralysie, de stérilité, d'impuissance et d'inertie.

La Province est l'Irlande de la France :

A Paris comme à Londres, les riches viennent engloutir leurs épargnes, souvent leur fortune toute entière, dans les palais de la gueule et de la luxure.

Paris est le Capharnaüm moderne, un immense pandemonium où viennent s'abattre notaires et financiers enrichis par la banqueroute, — étourneaux émancipés, — filles perdues, madeleines peu repenties, — les bras que la misère arrache aux champs, — les ouvriers que la grève chasse des villes, — les forçats que l'infamie poursuit, — les parasites éhontés,

les ambitieux que la fièvre tourmente, — l'intelligence que l'obscurité effraie, que l'activité dévore, la honte qui pleure, la misère qui se cache...

Tout cela vient s'abattre à Paris, — se heurte, se pousse, se coudoie, — s'embrasse et s'étrangle, — jeûne et se soûle, — clope et saute, rugit et tournoie dans une ronde épouvantable qui rappelle les supplices fantastiques de l'enfer.

Un sur trois, de ces bienheureux finit par mourir à l'hôpital, et la pauvre province, languit, s'épuise et meurt à la peine.

Comme les ponles du Pharon, — Percepteurs, Receveurs particuliers et généraux, allongent leur rateau et font table rase : — l'agriculture manque de bras et de capitaux, — l'industrie languit, — la mère pleure, le père se désole, l'épouse se désespère.

Le Maire en son conseil municipal se plaint avec douceur et timidité au fond de sa commune, et finit par adresser ses très-humbles suppliques au sous—préfet avec prière d'en informer monsieur le préfet.

Au chef—lieu de canton, à la sous-préfecture, mêmes souffrances, mêmes suppliques.

Une fois l'an tous les gros bonnets du département, de riches propriétaires, le haut commerce, des notaires, des médecins, des avoués et des avocats se réunissent pendant un mois ou six semaines, dans les salons de la préfecture, examinent et enrégistrent les plaintes, les doléances et les récriminations des conseils municipaux, — émettent à leur tour des vœux impuissants, après quoi monsieur le préfet enferme le tout dans un pli cacheté à l'adresse de son excellence le Ministre de l'intérieur.

Point n'est besoin de dire, je suppose, que suppliques, doléances et récriminations dorment dans les cartons des bureaux, — à moins pourtant qu'un représentant—ou député, qu'importe ?— Bien humble, bien dévoué quand même, n'obtienne pas ses votes complaisants et ses cajoleries ministérielles — « La prise en considération. »

Voilà la centralisation administrative...?

Que Paris, que l'Etat conserve sur les communes, sur les départements une action politique, immédiate, directe, efficace, —très—bien...

Que Messieurs les préfets et sous-préfets, dociles aux ordres de son excellence, TRAVAILLENT les élections pour le triomphe de la bonne cause, — c'est-à-dire pour le succès de la politique du cabinet, — rien de mieux.

Mais que Paris absorbe à lui seul le capital, l'activité, l'intelligence et l'industrie de toute la France...

Qu'il ait à lui seul le trafic et le monopole de toutes les places, de toutes les faveurs..,

Qu'il distribue à ses courtisans le prix de nos sueurs, le produit de nos veilles, — des cordons, des épaulettes, des croix et des sinécures...

Qu'il fasse de nous, hommes libres, et qui voulons être indépendants, des tapisseries d'antichambre...

Que nos gouvernants se gobergent dans leurs palais et ripaillent du soir au matin...

Que notre misère serve d'ombre au tableau, de repoussoir à leur luxe doré...

Que nos finances servent à réparer des fortunes délabrées...

Que la France toute entière se tienne à genoux, humble et suppliante devant le bon plaisir des gouvernants de Paris...

C'est Odieux !.. C'est injuste !.. C'est impossible!...

Nous avons la candeur et la simplicité de croire que le déplorable scandale auquel nous assistons depuis trois mois, n'est pas une nécessité, — et que dans la république démocratique le gouvernement de tous, par le plus grand nombre, n'est pas une utopie, le rêve impossible d'un esprit généreux.

Sans égarer son esprit dans des recherches pénibles et laborieuses, sans chercher à réaliser la république de Platon, l'utopie de Thomas Moore, le communisme d'Owen ; — sans organiser les mondes exceptionnels, rêvés par Saint-Simon et Fourrier, — ou détruire radicalement la société actuelle pour la reconstruire sur les principes de Proudhon, Pecqueur ou Dezamis. Nous croyons que pour un esprit pratique qui veut borner ses théories par les limites du possible,—ne rien détruire, changer le moins possible, — il y a une généreuse et puissante

impulsion à donner à la société., — par l'ORGANISATION DE
LA COMMUNE.

Pour analyser les principes organiques de la société, il faut
diviser pour comprendre, procéder du simple au composé, de
l'unité au nombre.

L'individu isolé est une anomalie, une monstruosité, une
superfétation, un embarras, un vice : le premier, le plus im-
périeux de tous les besoins, — c'est la famille.

La famille est l'élément constitutif de l'ordre social ; c'est,
pour ainsi dire, le monde en miniature.

Père, mère, enfant. — Intelligence, amour et force. —
Trinité qui se résume en une unité. — La famille.

L'homme est là tout entier, avec ses intérêts, ses besoins,
ses passions et ses vices.

Diriger les passions, associer, grouper les intérêts, — détruire
les vices en donnant satisfaction aux besoins, — développer
l'intelligence qui organise, aider la force qui produit, et pro-
téger l'amour qui console, — voilà bien évidemment le problème social qu'il s'agit de résoudre.

L'élément constitutif de la famille, la cause essentielle de
sa vitalité, de son développement, de son existence, — c'est
le travail :

Son but, — la propriété, — ou au moins une possession
libre, assurée et permanente.

La commune est une unité composée de plusieurs familles,
— comme la famille est composée de plusieurs individus.

La condition de la famille est le travail, la production.

La condition de la commune est le commerce, l'échange
des produits.

Au lieu de ruiner les familles l'une par l'autre, par une
concurrence illimitée, une bonne organisation administrative
doit donc évidemment s'efforcer de concilier, autant que
possible, tous les intérêts industriels.

Augmenter LA PRODUCTION par l'INDUSTRIE. — Développer
l'INDUSTRIE par la DIFFUSION DU CRÉDIT PUBLIC. — Voilà,
selon nous, la loi de l'avenir, la conséquence heureuse et
NÉCESSAIRE de la Révolution.

Mais, pour se faire admettre, elle aura bien des luttes à soutenir, bien des obstacles à surmonter, bien des ambitieux à écarter, car la vérité ne mène point à la fortune, et le peuple ne donne ni ambassades, ni charges, ni pensions.

Aujourd'hui le PEUPLE, demandant aux PARASITES l'organisation du travail, est absolument dans la situation du tiers-état en 1789, demandant à la noblesse de renoncer à ses privilèges.

La noblesse commença par rire de cette naïveté ; puis enfin, elle finit par comprendre dans la nuit fièvreuse du 4 août, que son règne était passé.

Gens de finances, de bureaux, de robe et d'épée, — voilà les parasites ! Les nobles et les grands seigneurs d'aujourd'hui ! Et les choses sont arrivées à ce point, que travailleurs et propriétaires s'épuisent, se ruinent à les nourrir et à les engraisser.

Bon gré, mal gré, — par la force, ou en reconstituant la société sur des bases plus équitables, plus rationnelles, — Le travail aura sa place au soleil, son pain de chaque jour, et les parasites leur nuit du 4 août.

De la Commune.

Pour réaliser peu à peu, lentement, sans secousse, sans effort toutes ces grandes améliorations qui chaque jour deviennent des nécessités plus pressantes, point n'est besoin, selon nous, de la théocratie St.-Simonienne, des Phalanstères de Fourier, de faire le voyage d'Icarie avec le citoyen Cabet, ou de se cloîtrer entre les quatre murailles de la communauté.

Nous n'avons pas même besoin d'un gouvernement éclairé,

voulant ce qui est bien et cherchant les moyens d'y parvenir, ce serait là la plus impossible des utopies.

Les gouvernants ne voient jamais qu'une chose dans le pouvoir, — le pouvoir: et c'est toujours un crime quand on le recherche par orgueil, par vanité et non pour faire triompher une idée que l'on croit féconde et généreuse.

Pour marier ensemble le produit et l'échange, il suffirait tout simplement, croyons-nous, d'appliquer aux communes de France, — sauf les modifications indispensables — l'organisation municipale de Paris, décrétée provisoirement par l'assemblée constituante, le 14 septembre 1789, et arrêtée définitivement par la loi du 21 mai 1790.

Cette organisation était vraiment municipale et le produit complet de l'élection, les hommes les plus remarquables, Chariot, Fouché, Condorcet, Semonville, Mollien en firent partie; et pendant les deux années qu'elle fût en vigueur la ville de Paris fût administrée avec ordre, justice et économie.

Aux termes de cette loi, la municipalité de Paris fut composée d'un Maire, de 16 administrateurs, de 32 conseillers, de 96 notables et d'un procureur de la commune.

Le Maire et les 16 administrat. composaient 6 bureaux, les 32 conseill. réunis aux bureaux formaient le conseil municipal.

La réunion du conseil municipal et des 96 notables se nommait conseil général.

Le travail du bureau était divisé en cinq départements.

1° Département des Subsistances.

2° Département de la Police.

3° Département des Finances.

4° Département des Établissements publics.

5° Département des Travaux publics.

Chaque département rendait compte de ses opérations au conseil municipal et le Maire les surveillait tous.

Le Maire, les administrateurs, les conseillers, les notables et le procureur de la Commune étaient élus par les citoyens actifs et ne pouvaient être destitués que pour forfaitures préalablement jugées.

Les administrateurs n'avaient aucun maniement des deniers

publics ; les recettes étaient faites et les dépenses acquittées par le trésorier de la commune.

Tous les trois mois, ils rendaient au conseil municipal le compte sommaire et chaque année le compte définitif de leur administration.

Ces comptes devaient être imprimés et communiqués gratuitement à tous les citoyens actifs avec les pièces justificatives déposées au greffe de la ville.

Les administrateurs étaient également tenus de donner connaissance de leurs opérations au Maire, au corps municipal et au Conseil général de la Commune.

Le Procureur de la Commune avait également le droit d'exiger d'eux, toutes les instructions qu'il jugeait nécessaires.

Le Conseil Général était composé de 216 membres, au moins, compris les membres du conseil municipal.

Les assemblées étaient présidées par le Maire et en son absence, par le Président ou le Vice-Président, élus dans le Conseil Général.

Le Conseil Municipal était forcé de convoquer le Conseil Général, lorsqu'il s'agissait de délibérer sur des acquisitions ou aliénations d'immeubles, sur des impositions extraordinaires pour dépenses locales, etc.

La police qui jusqu'alors dépendait de la justice passait dans les attributions de la Municipalité.

Le Maire et la section du bureau dite DE LA POLICE, l'exerçaient sous la surveillance du Conseil Municipal.

Comme on le voit, cette organisation était profondément démocratique, et du 21 mai 1790 au 10 août 1792, la Révolution promettait d'accomplir les grandes réformes que nous demandons sans avoir à subir le régime de la terreur, le Directoire, le Consulat, l'Empire et les deux Restaurations.

Mais le 10 août, 180 Commissaires des Sections se rendent à l'Hôtel-de-Ville, suspendent la Municipalité et nomment Santerre commandant de la Garde Nationale.

Entraînée par le mouvement révolutionnaire, l'Assemblée législative ordonne que les 48 sections nommeront chacune un de leurs membres administrateur du Département.

De cette nomination et de la loi du 30 août et 2 septembre 1792 est née la Commune de Paris, qui s'arrogeant des pouvoirs illimités, une autorité despotique justifiée par des circonstances exceptionnelles gouverna non—seulement Paris, mais la France entière.

Ce fût là, le premier pas vers la réaction.

Le Régime Municipal était trop démocratique, quelques bourgeois pourraient se permettre des observations ou se livrer à des discussions désagréables; — S. M. Napoléon trouva plus simple de remplacer cette administration par un seul homme, le Préfet de la Seine, qui dépendait de son bon plaisir.

Napoléon détruisant pièce à pièce toutes les franchises, toutes les libertés municipales, avait sans y songer frayé le chemin à la Restauration.

1790. Municipalité définitive.	Autorités composant l'Administration chargée du GOUVERNEMENT DE PARIS.	ORGANISATION de chacune DE CES AUTORITÉS.	MODES de nominat.	OPÉRATIONS CONFIÉES à la COMMUNE DE PARIS.	ATTRIBUTIONS des divers départements de la MUNICIPALITÉ.
	1º Tribunal de ville. 2º Chamb. de police. 3º Bureau de ville. 4º Comité des recherches.	1º 48 offic. municip., dont 16 administrateurs, et 32 conseillers. 2º 96 notables. 3º Le procureur de la commune. 4º 2 substituts.	Elus' par voie du scrutin.	Les 16 administrateurs délibérant en commun, formaient le bureau municipal. Les 32 autres offic. munic, composaient le conseil municipal. Les 48 offic. municip. avec les 96 notables, composaient le conseil général de la commune. Tous étaient présidés par le Maire.	1º Département des subsistances. 2º Département de la police. 3º Département des domaines et des finances.
	Départem. de Paris. Directoi. du départ.	Composé de 64 Administr., parmi lesquels on choisissait 14 membres formant le Directoire, entre lesquels le travail était réparti. 1 Président. 1 Procureur-syndic. 1 Substitut.	Nommés par les électeurs.	Biens nationaux. —Contribut. —Comptabilité. — Bureau milit. —Travaux publics.—Dépenses. —Police.—Justice.—Envoi des lois. — Hôpitaux. — Mendicité. —Sequestre des biens des émigrés.—Vérification de la comptabilité municipale.	4º Département des trav. publics. 5º Département des établiss. publics. 6º Département des hôpitaux.
	v On adjoignit au corps municipal trois agents nationaux. (Loi du 4 frimaire an II).	....	Nommés par les comités du salut public et et de sûr. générale.	Ils remplacèrent les procur.—syndics de la commission, spécialement chargée de requérir et poursuivre l'exécution de lois révolutionnaires. — Dénoncer les infractions commises par les fonctionn. publics. (27 therm. an 2).	7º Département des contributions.

Administration nouvelle.

Ce cadre est assez spacieux j'espère, et toutes les améliorations rêvées par les socialistes peuvent s'y développer largement.

Ainsi fractionnée l'autorité administrative est néanmoins UNE, parce qu'elle a sa source dans l'élection, et que le peuple tenant dans sa main les agens du pouvoir exécutif qu'il nomme ou qu'il destitue à volonté, jouit par ce fait même de la garantie la plus sûre contre les empiétements du comité législatif.

Maintenant comme point de départ, comme base de votre organisation administrative, prenez l'UNITÉ la plus simple, le village, le chef-lieu de canton, la cité. — Que le conseil municipal, expression de la volonté générale s'efforce de concilier tous les intérêts, de grouper tous les efforts ; — Que chaque localité ait son centre administratif, son compte courant ouvert au chef-lieu de canton, le chef-lieu de canton à la sous-préfecture, la sous-préfecture à la préfecture, ou à la province, suivant qu'il sera jugé utile et convenable de grouper les centres principaux du crédit public.

Le maire, l'instituteur, le prêtre, tous trois élus par la commune, donneront une triple impulsion industrielle, instruisante et religieuse.

« La volonté générale, dit J.-J. Rousseau, peut seule diriger les forces de l'État selon la loi de son institution, qui est le bien commun; car si l'opposition des intérêts particuliers a rendu nécessaire l'établissement des sociétés, c'est l'accord de ces mêmes intérêts qui l'a rendu possible. C'est ce qu'il y a de commun dans ces différents intérêts qui forme le lien social; et s'il n'y avait pas quelque point dans lesquels tous les intérêts s'accordent, nulle société ne saurait exister. Or, c'est uniquement sur cet intérêt commun que la société doit être gouvernée. »

Nous disons nous, que c'est en conciliant la plus grande somme d'intérêts individuels, en dirigeant tous les efforts vers le développement industriel que l'on parviendra à soustraire la société toute entière à l'influence pernicieuse et corruptrice de tous les gouvernements possibles.

L'avenir, la paix de la France est tout entier dans une nouvelle et large organisation de la Commune.

Ce n'est point en renvoyant d'une classe à l'autre, les charges publiques que l'on accomplira la régénération sociale. Après tout, de quelque manière qu'on s'y prenne, ce sont toujours les prolétaires qui paient l'impôt puisqu'eux seuls produisent ; et quelque combinaison qu'on adopte pour demander aux privilégiés, les ressources nécessaires au jeu du mécanisme social, la concurrence est toujours là, force fatale, qui tend à ramener sans cesse le précédent niveau.

La politique d'association, le gouvernement de tous par tous, consiste à reconnaître et concilier tous les intérêts. Ce que nous voulons aujourd'hui, ce n'est ni l'aumône, sur quelque échelle que ce soit, ni une autre répartition des impôts : c'est l'organisation du travail, c'est le développement de l'industrie dans un milieu démocratique.

L'activité agricole et industrielle enrichit toutes les classes, — aussi bien le plus gros propriétaire, que le plus petit fermier, — aussi bien le capitaliste à millions, que le dernier des apprentis.

Quand l'industrie prospère, l'ouvrier gagne de grosses journées, le maître réalise de gros bénéfices.

Quand les ateliers sont ouverts à deux battants, la place publique n'est jamais encombrée par l'émeute.

Tant que l'ouvrier grondera, toutes les baïonnettes du monde seront impuissantes à maintenir l'ordre et la tranquillité.

Il y a dans la masse de la population une agitation inquiétante ; donnez issue du côté du travail à cette activité qui déborde, et qui, restant sans emploi, excitera une cause périodique de perturbation.

Aujourd'hui, le maire est un appareil qui signe des passeports.

Ne faites pas seulement de ce magistrat, le chef industriel de la commune, — comme le demandaient les Saint-Simoniens, ce serait insuffisant. — Elargissez les bases des conseils municipaux, augmentez leurs attributions, donnez-leur une haute importance administrative.

Que le chef de la commune, le Maire, et au-dessus de lui, dans une sphère immédiatement supérieure, le chef politique du département, ait pour fonction de présider au mouvement industriel de la division qui lui aura été confiée. — De combiner les divers services publics, — finances, — voies de communication, — éducation publique, — hygiène, — associations diverses en vue des besoins du TRAVAIL et de l'avantage des TRAVAILLEURS, et soyez persuadés que les PARASITES reprendront dans la société une position conforme à leur importance toute secondaire.

***

Finances.

Le ministre des finances ne sera plus une immense pompe aspirante destinée à concentrer à Paris toutes les ressources des départements.

L'association des receveurs-généraux, que M. de Villèle avait constituée sous le titre de SYNDICAT, pourrait être réédifiée sur une échelle croissante et dotée par l'Etat.

L'administration des finances publiques, considérée comme une institution de CRÉDIT, présenterait une force colossale, et toutes les banques particulières viendraient s'y appuyer, et, peu à peu, s'y fondre. — Alors, tout receveur-géneral deviendrait un puissant chef de banque, chez lequel la plupart des travailleurs, et tous finalement, auraient un crédit.

Alors, chaque commune aura sa BANQUE FONCIÈRE, pour aider au développement de l'agriculture, — faire des avances aux agriculteurs, — des PRÊTS HYPOTHÉCAIRES aux propriétaires, — et même acquérir, gérer, exploiter et administrer dans l'intérêt commun.

Alors, elle pourra ORGANISER L'INDUSTRIE, — avoir son grand-livre où seraient consignées les demandes et offres des autres communes.

Tout en repoussant l'égalité des salaires, parce qu'elle tue le ressort le plus puissant de l'activité individuelle, — le conseil des prud'hommes saura concilier les exigences, les nécessités et les intérêts des MAÎTRES et des OUVRIERS.

Il tarifera les produits et rendra obligatoire la marque de fabrique.

L'individu comprendra qu'étant à la fois producteur et consommateur, la base des relations ne doit pas être l'AVIDITÉ, mais bien une concession réciproque dans l'intérêt commun, — que son but est de produire beaucoup et à bon marché, pour acheter de même.

Le travailleur aurait un compte ouvert par CRÉDIT et DÉBIT. Au crédit figureraient les journées, vacations, fournitures, produits ; en un mot toutes les dépenses faites au compte de la société ; au débit seraient les appointements, gages, remboursements, avances, frais d'éducation et d'apprentissage, absences volontaires, etc. : les deux colonnes devant se balancer toujours l'une l'autre, comme cela se fait partout aujourd'hui sans exception.

Si le travailleur tombe malade ou s'estropie, si un canton souffre de l'inondation ou de la grêle, la société communale ou provinciale en passerait écriture par PROFITS et PERTES ; le sinistre serait réparti sur toutes les têtes ; c'est la solidarité universelle.

En deux mots, la première colonne représenterait ce que PRODUIT le travailleur ; la seconde ce qu'il REÇOIT.

Il suit de là que, pour que le produit exigible soit proportionnel au salaire, ou le salaire en raison du produit, il faut une estimation, au moins approximative, des valeurs consommées, et du temps moyen employé par l'agent. Toute la philosophie sociale est dans la statistique et la tenue des livres.

Alors, seront assimilés aux services publics, pour s'y confondre graduellement, beaucoup d'entreprises d'utilité générale formant aujourd'hui l'objet de spéculations ou d'opérations particulières, et qui exigent certains travaux et certaines dépenses qui s'accomplissent déjà dans les administrations publiques.

Telles sont les caisses de prévoyance et d'épargne, les compagnies d'assurances, les messageries, telles sont les associations ayant pour objet l'exécution ou l'exploitation de canaux, ponts et chemins de fer, le desséchement des marais, le défrichement ou la plantation des forêts.

Alors les querelles de partis s'amortiront, car l'exaspération publique est impossible avec une administration vouée exclusivement et directement à la prospérité et au bien-être des peuples.

PARASITES.

Justice. — Armée.

Le gouvernement de tous, par tous, fera disparaître successivement les dernières traces d'un passé barbare, — Le Code militaire et le Code Napoléon. — La magistrature et l'armée,

Les hommes ne seront plus enrégimentés pour faire la chasse aux hommes.

Les notaires, les avoués, les huissiers, avocats, les fonctionnaires seront élus par le peuple: et les avocats n'auront plus pour mission d'embrouiller les questions les plus simples.

La justice toute entière sera réorganisée, et des pouvoirs plus étendus, des attributions plus considérables seront conférés aux juges et aux juges-de-paix ; les seuls magistrats de la Commune.

Les régiments deviendront des écoles d'arts et métiers, où tous pourront être admis dès l'âge de seize ans.

Le gouvernement français tient maintenant enrégimentés, casernés ou cantonnés, quatre cent mille hommes pris dans la partie la plus robuste et la plus alerte de la population.

Supposez qu'au lieu de harasser ainsi la fleur de la jeunesse, pour lui apprendre des manœuvres qui ne produiront jamais rien à la société, on profite de sa réunion sous les drapeaux, pour lui donner une éducation professionnelle ; supposez que les régiments deviennent des écoles d'arts et métiers, et mesurez la vitesse de perfectionnement qui entraînerait alors l'industrie française.

On a souvent tenté, dit Michel Chevalier, dans le GLOBE de 1832, d'appliquer l'armée aux travaux publics, et l'on n'y a jamais réussi. C'est que dans toutes ces tentatives on imposait aux soldats des travaux sans nul attrait ; le plus souvent c'étaient des dessèchements de marais, ou des creusements de canaux ; travaux mécaniques dont la partie la plus rude devra désormais être faite par machines.

Le travail leur était présenté non comme service, mais comme corvée, non comme un fait glorieux, mais comme un fait pénible ; ils n'y voyaient rien qui pût satisfaire les sentiments élevés, presque tous réfugiés aujourd'hui encore à l'ombre des drapeaux, rien qui pût contribuer à l'amélioration de leur sort MORAL, intellectuel et physique.

Mais s'il était reconnu que le fait principal du service des corps militaires c'est l'industrie ; si les manœuvres guerrières n'occupaient plus, dans la vie des soldats, qu'une place secondaire, comme dans les travaux de l'École polytechnique, par exemple ; si l'avancement était subordonné à l'aptitude industrielle ; si aux actes industriels on apportait tout l'éclat qu'on prodigue dans les exercices militaires ; si tout soldat savait, en entrant sous les drapeaux, qu'il va d'abord apprendre une profession selon sa vocation, sous des chefs habiles, et vi-

vre ensuite honorablement de son travail, ce qui est lui maintenant serait recherché.

Les cadres de l'armée ne tarderaient pas à être remplis par
la seule voie des engagements volontaires. Il n'est pas un
jeune homme de la classe la plus nombreuse et la plus pauvre, qui ne voulût passer au service quatre ans de sa vie ; on
s'empresserait d'y venir recueillir un excellent apprentissage ,
des habitudes d'ordre et de régularité qui manquent absolument à l'industrie, il y aurait alors un point d'honneur industriel , source de jouissances pour le travailleur et d'avantages
pour la société.

Et cette institution bienfaisante ne coûterait pas un centime
à l'Etat, sauf les premiers frais d'établissement ; car les travailleurs enrégimentés créeraient une masse de produits qui ,
joints à l'allocation actuelle du ministère de la guerre, suffi-
raient et au-delà à leur distribuer une haute-paie, et à couvrir
la dépense courante des écoles industrielles.

L'esprit de conquête a fait son temps. — Avec notre organisation de gardes nationales, tout le monde est soldat en
France.

Pour repousser l'invasion étrangère , et défendre les grands
principes de la fraternité en faveur des peuples opprimés par
la royauté, — soyez persuadés qu'au premier cri deux cent
mille volontaires se lèveraient tout armés de tous les points
de la France.

A ceux qui pourraient nous soupçonner de fédéralisme, nous
dirons :

Le fédéralisme , c'est l'anarchie, c'est la lutte, c'est la dis-
location de la France.

Nous voulons l'unité du pouvoir , par la permanence d'une
Assemblée nationale, par le syndicat des banques dépendant
du ministère des finances , considéré comme source du crédit
public.

Nous ne savons combien de temps encore dureront le bon plaisir, la corruption et la rouerie gouvernementale, — mais nous croyons fermement à l'émancipation sociale, au gouvernement de tous par tous. — Nous espérons que la Commune organisée sur les bases que nous avons sommairement indiquées, — la France pourra voir avec une égale indifférence et subir avec une complète résignation, — le règne d'un Directoire, d'un Président ou d'un Monarque quelconque.

23 juin 1848.

FIN.

www.ingramcontent.com/pod-product-compliance
Lightning Source LLC
Chambersburg PA
CBHW051344050726
47595CB00006B/2392